le texte est in 8°

VOYAGE
AU BRÉSIL,

Dans les années 1815, 1816 et 1817,

PAR S. A. S. MAXIMILIEN,
Prince de Wied-Neuwied.

TRADUIT DE L'ALLEMAND

PAR J.-B. EYRIÈS.

TROIS VOLUMES IN-OCTAVO, PAPIER FIN, ACCOMPAGNÉS D'UN SUPERBE ATLAS, COMPOSÉ DE QUARANTE-UNE BELLES PLANCHES GRAVÉES EN TAILLE-DOUCE, DONT PLUSIEURS COLORIÉES, ET DE TROIS CARTES.

ATLAS.

A PARIS,
CHEZ ARTHUS BERTRAND, LIBRAIRE ÉDITEUR, RUE HAUTEFEUILLE, N° 23.

1822.

CET ATLAS SE COMPOSE DES PLANCHES SUIVANTES :

Grandes Planches.

1re Vue de la Mission de Saint-Fidèle.
2e Les Pourys dans leurs forêts.
3e Les cabanes des Pourys.
4e Vue du rocher de Jucutucuara sur la rivière Espirito-Santo.
5e Navigation sur un bras du Rio-Doce.
6e Le Capitam Bento Lourenço faisant ouvrir la nouvelle route dans les forêts près du Mucuri.
7e Patachos sur le Rio-do-Prado. (*Nota.* Cette planche tient avec la vignette n° 11.)
8e Vue de l'embouchure de la rivière de Santa-Cruz et de l'église qui s'y trouve.
9e Vue de l'île de Cachoerinha, avec le Quartel dos Arcos, sur le Rio-Grande de Belmonte.
10e Famille de Botocoudys en voyage.
11e Combats singuliers des Botocoudys sur le Rio-Grande de Belmonte.
12e Armes, ornemens et ustensiles des Pourys. (*Coloriée.*)
13e Armes, ornemens et ustensiles des Pourys, Botocoudys, Machacaris, et des Indiens de la côte. (*Coloriée.*)
14e Ornemens et ustensiles des Botocoudys. (*Coloriée.*)
15e Vue de la fazenda de Tapebuçu près de la côte du Mont-Saint-Joaõ et de la Serra d'Iriri qui s'élève du milieu des forêts.
16e Vue de la ville de Porto-Seguro.
17e Physionomies caractéristiques de quatre Botocoudys, avec la tête d'une momie.
18e Vue de la ville et du port d'Ilhéos.
19e Groupe de Camacans.
20e Danse des Camacans.
21e Armes et ustensiles des Camacans. (*Coloriée.*)
22e Ornemens et ustensiles des Camacans. (*Coloriée.*)

Vignettes.

1re Tempête pendant la traversée de l'Europe au Brésil.
2e Vue de l'entrée de la baie de Rio-de-Janeiro.
3e Chasseurs portugais.
4e Cabanes des pêcheurs sur la rivière de Barganza.
5e Vue d'une maison de campagne sur le Paraïba.
6e Maison d'un planteur brésilien.
7e Soldats de Linharès.
8e Tortue sur le rivage de la mer.
9e Vue de nos cabanes à Morro d'Arara.
10e Cabanes des Patachos.
11e Chef des Botocoudys Kerengnatnouk avec sa famille.

(*Nota.* Cette vignette tient avec la planche n° 7.)

1re Crâne remarquable d'un Botocoudy.
2e Indiens en voyage.
3e Navigation par-dessus les rochers d'Ilhéos.
4e Halte dans une forêt.
5e Une tropa chargée.
6e Manière de prendre les buffles par le Vaqueiro.
7e Chasse du jaguar.
8e Manière de charger les mulets pour le voyage.

Cartes.

1re Carte de la nouvelle route de Villa de San-José do Porto-Allègre à Minas-Novas.
2e Carte de la côte de l'est du Brésil, d'après Arrowsmith.
3e Carte de la côte orientale du Brésil entre le 15e et le 23e degré de latitude sud, d'après Arrowsmith, avec quelques rectifications.

IMPRIMERIE DE COSSON.

Vue de la Mission de S.t Fidèle.

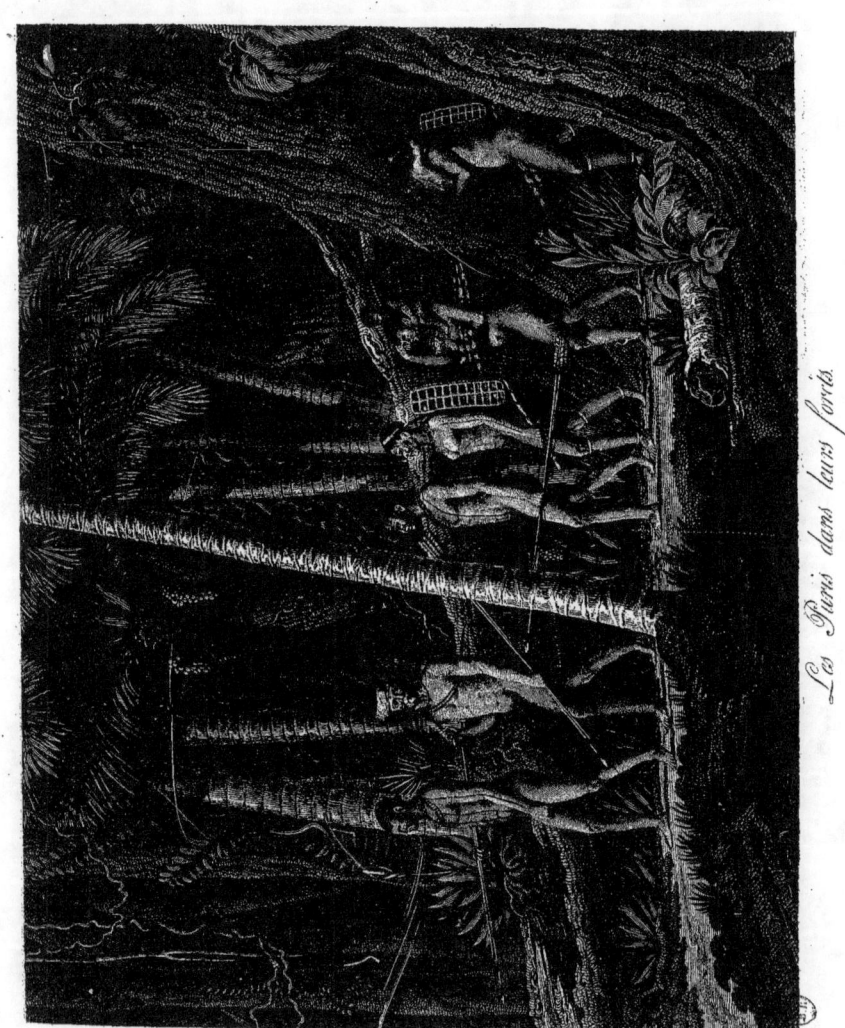

Les Puris dans leurs forêts.

Les cabanes des Puris.

Vue du rocher Fundeinara sur la rivière d'Espirito Santo, prise de Villa de Victoria.

Navigation sur un bras du Pérou Dave.

Capitam Bento Louveiro a l'ouverture de la nouvelle route sur les forêts sures du Mucuri, de Ponte Allegre à Athaus Novas.

Les Patachos sur le Rio do Prado.

Vue de l'embouchure de la rivière de S.te Croix et de l'église qui s'y trouve.

Vue de l'isle Cachoeirinha avec le Quartel das Arreas dans le Rio Grande de Belmonte.

Une famille des Botocudos en route.

Combats singuliers des Botocudos sur le Rio Grande de Belmonte.

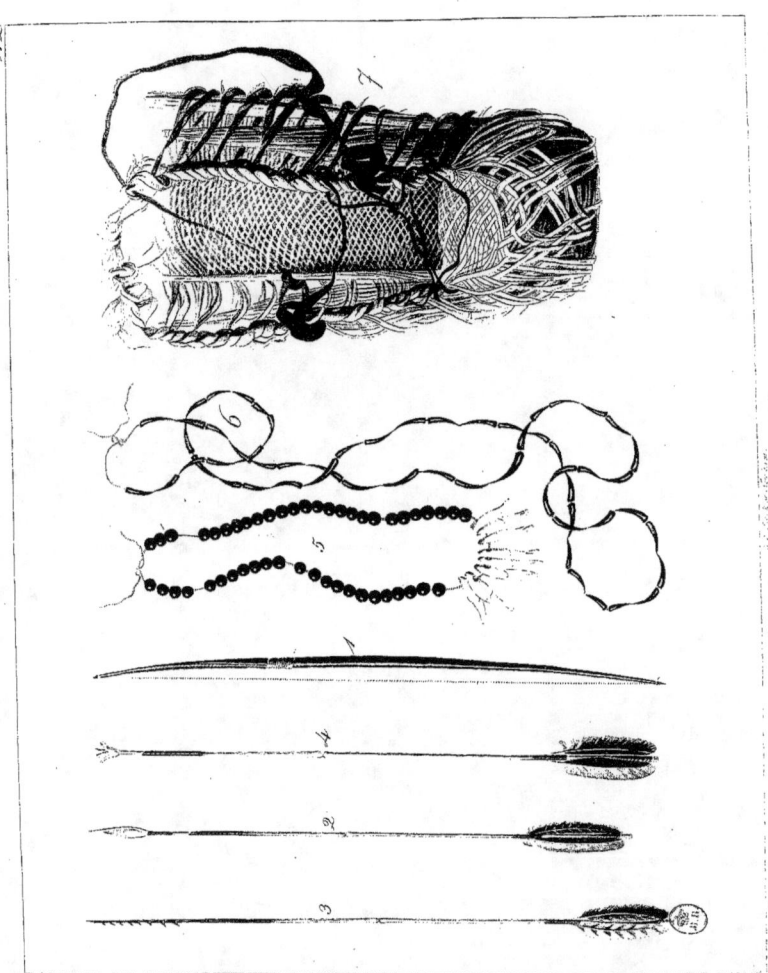

Armes, ornemens et ustensiles des Puris.

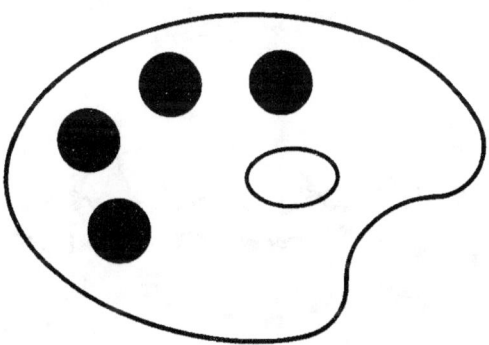

Original en couleur
NF Z 43-120-8

Armes, ornemens et ustensiles des Puris.

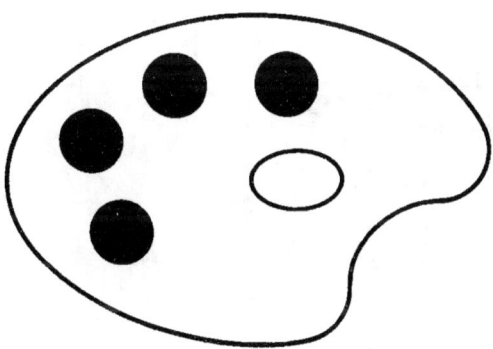

Original en couleur
NF Z 43-120-8

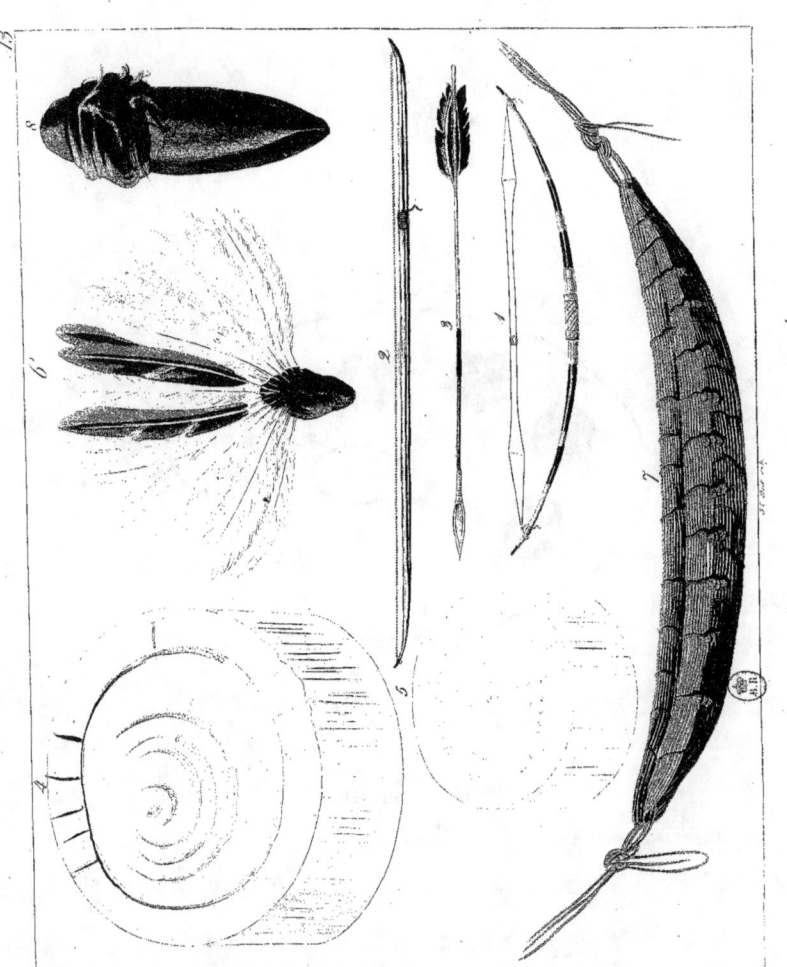

Armes, ornemens et ustensiles des Puris, Botocudes, Machacaris et des Indiens de la côte.

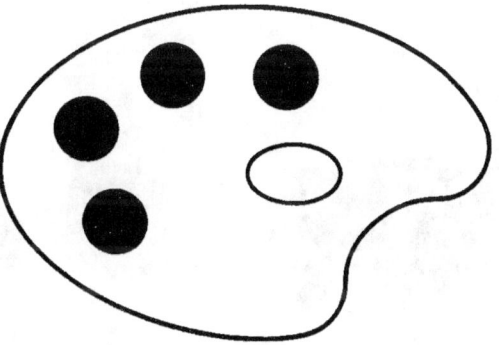

Original en couleur
NF Z 43-120-8

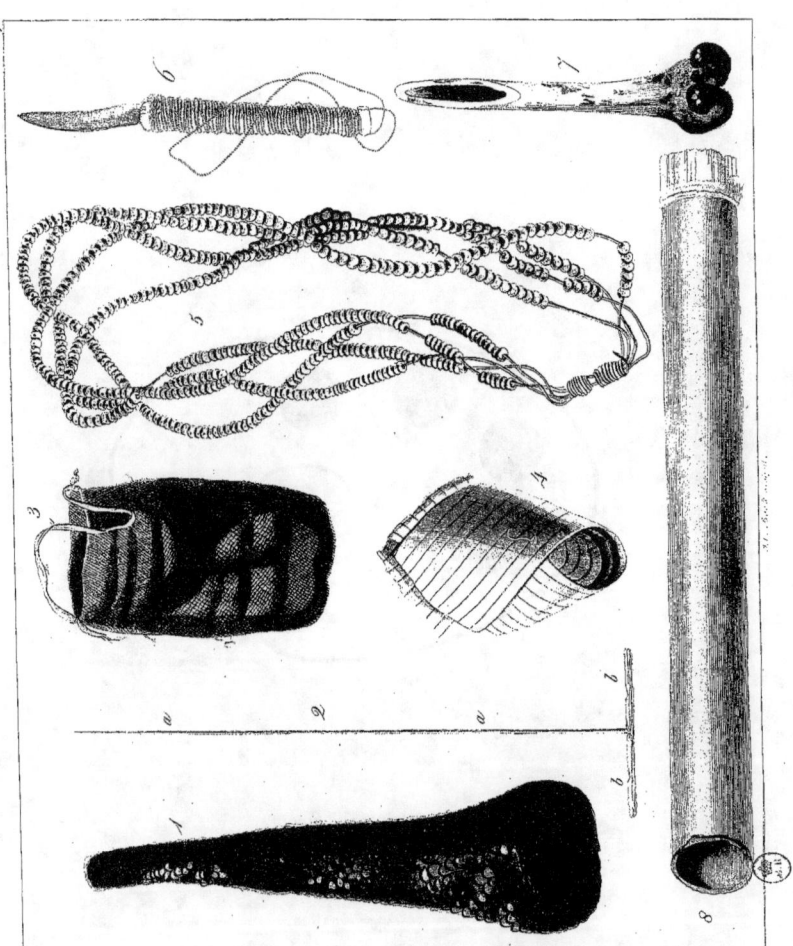

Ornemens et ustensiles des Botocudos.

Vue de la Fazenda de Tapatura près de la côte,
du Mont S. Jour, et de la Serra qui s'élève au milieu des forêts.

Vue de la ville de Porto Seguro

Physionomies caractéristiques de quatre Botocudos avec la tête d'une Momie.

Vue de la ville et du port d'Illicas

Groupe de Cumanans

Danse des Camacans

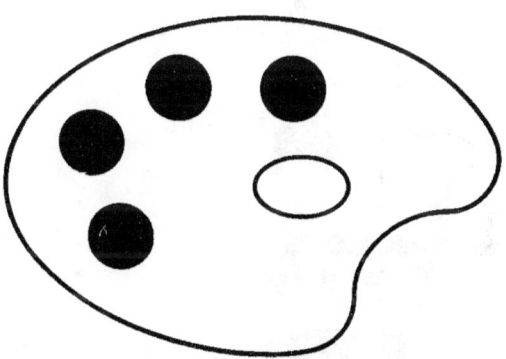

Original en couleur
NF Z 43-120-8

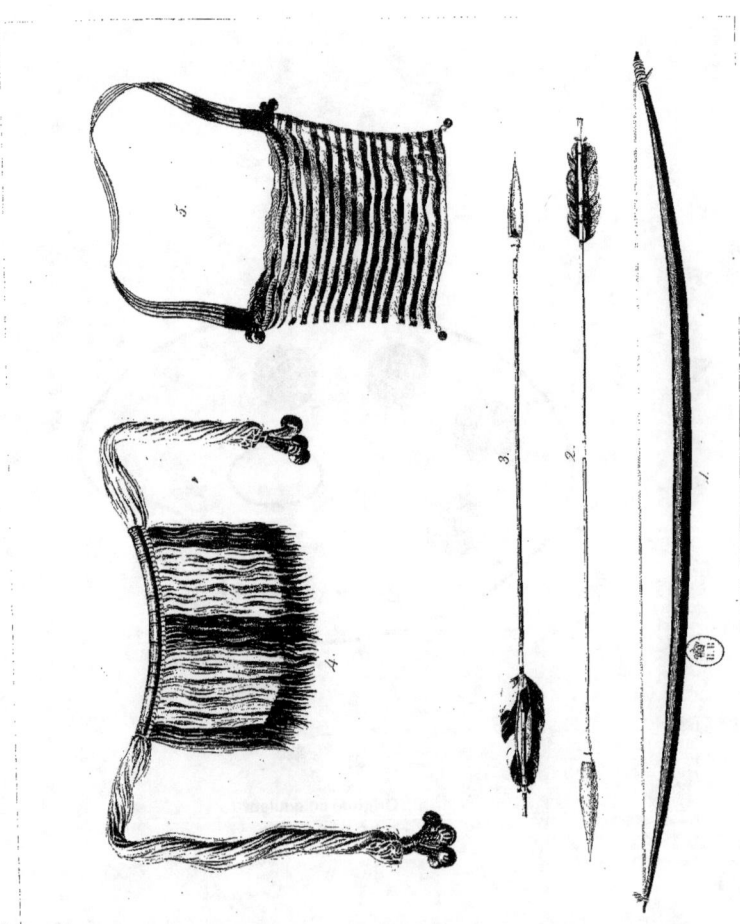

Armes et ustensiles des Camacans.

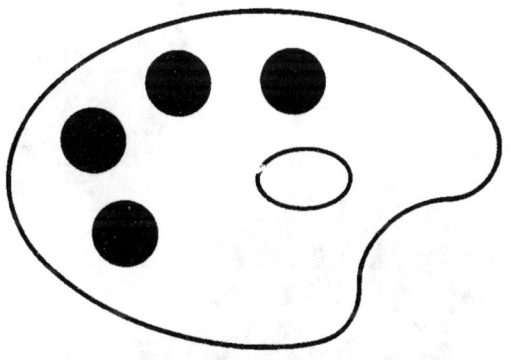

Original en couleur
NF Z 43-120-8

Ornemens et ustensiles des Carmarans

Vue de l'entrée dans la Baie de Rio de Janeiro.

Tempête pendant la traversée au Brésil.

Cabanes des pêcheurs sur la rivière de Berganza.

Chasseurs Portugais.

Vue d'une Maison de campagne sur le Paraiba.

Maison d'un planteur brasilien.

La torture au rivage de la mer.

Soldats à Lombares en cottes de mailles.

Cabanes des Patachos.

Vue de nos cabanes à Morro d'Arara.

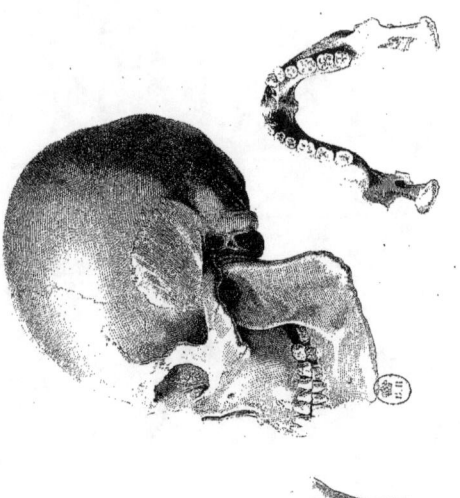

Crâne caractéristique d'un Botocude.

Le Chef des Botocudes Kieregnatnuk reçu en famille.

Navigation par dessus les rochers d'Athus.

Les Indiens en route.

Une Tropas chargée.

Halte à la forêt.

Chasse de l'Once.

Manière de prendre les Buffles par le Vaqueiro.

Manière de charger les Mulets pour le voyage.

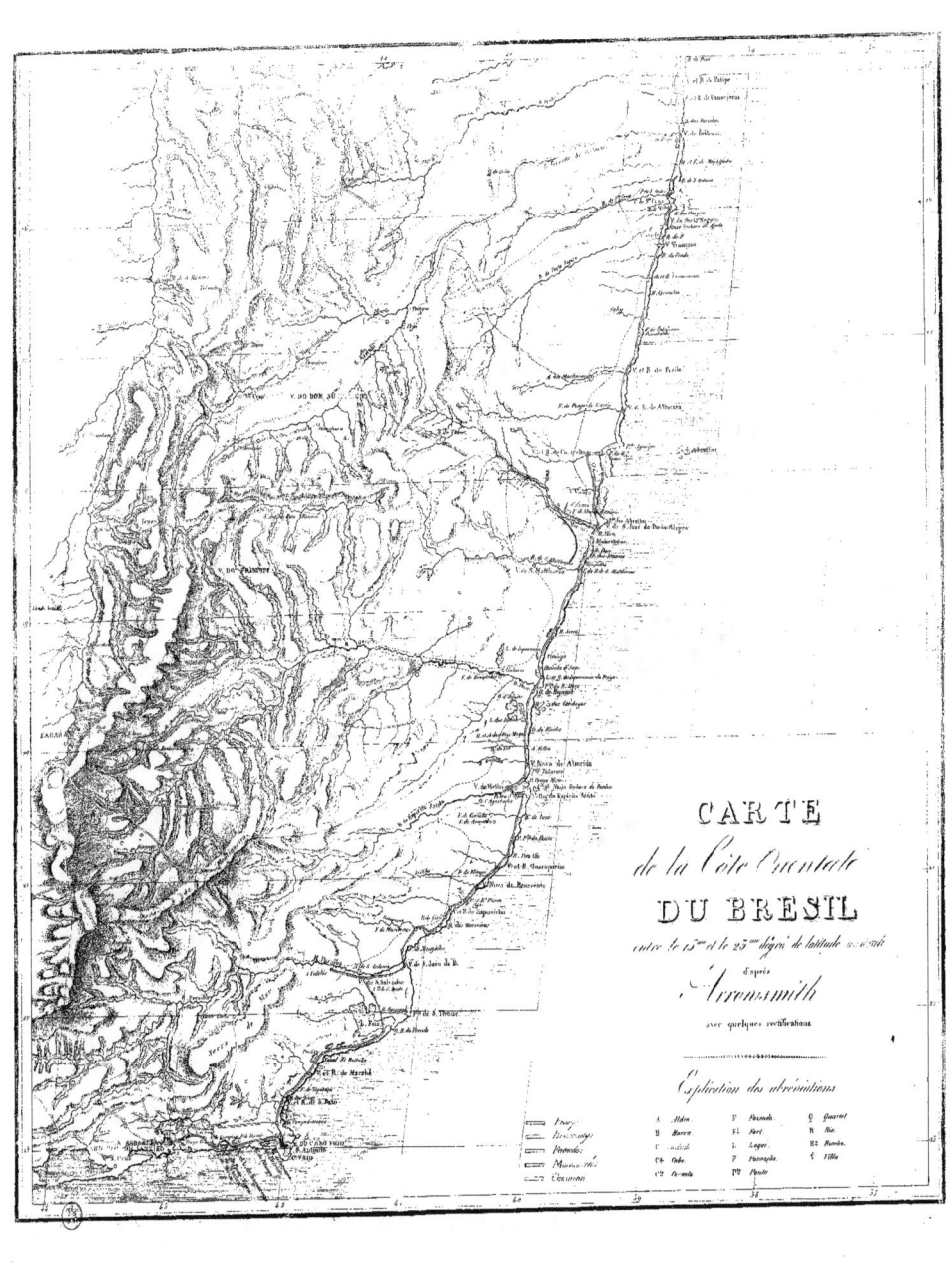

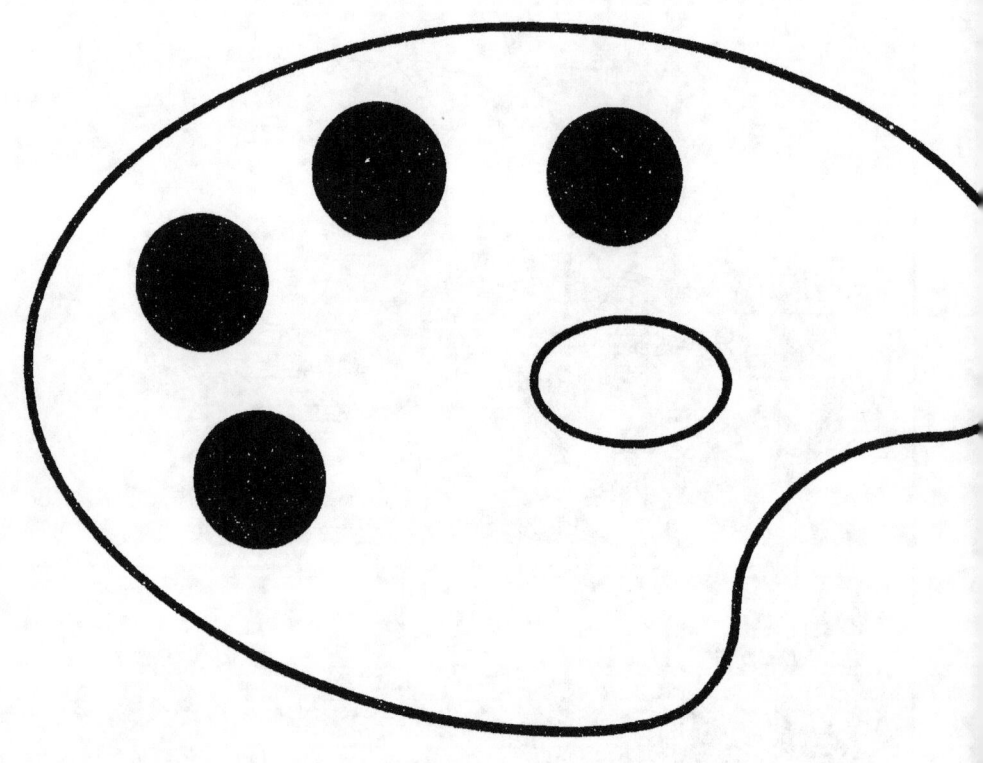

Original en couleur

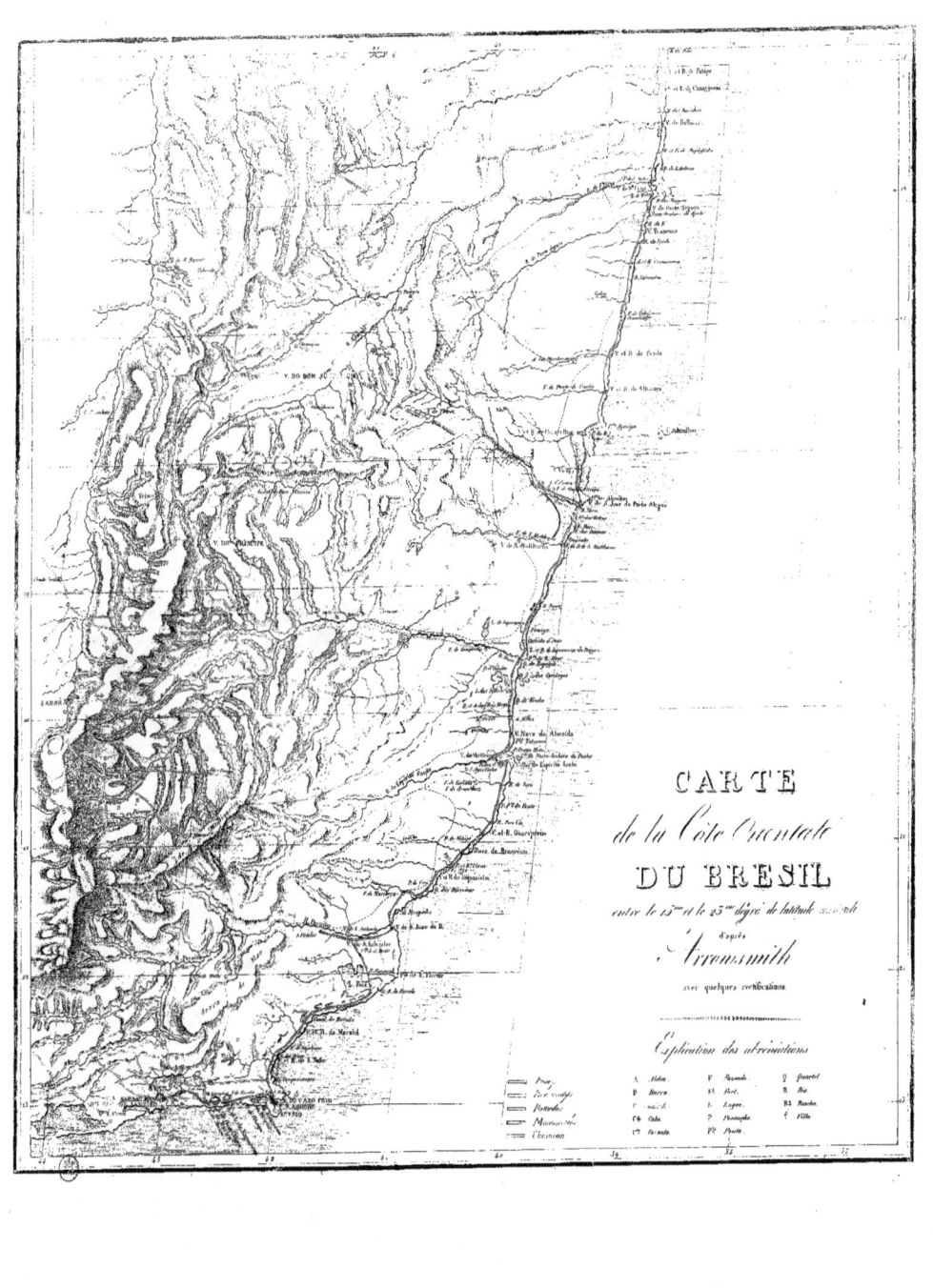

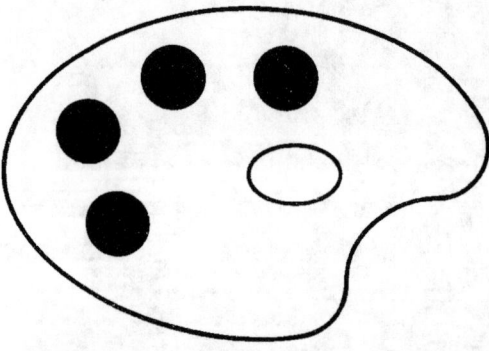

Original en couleur
NF Z 43-120-8

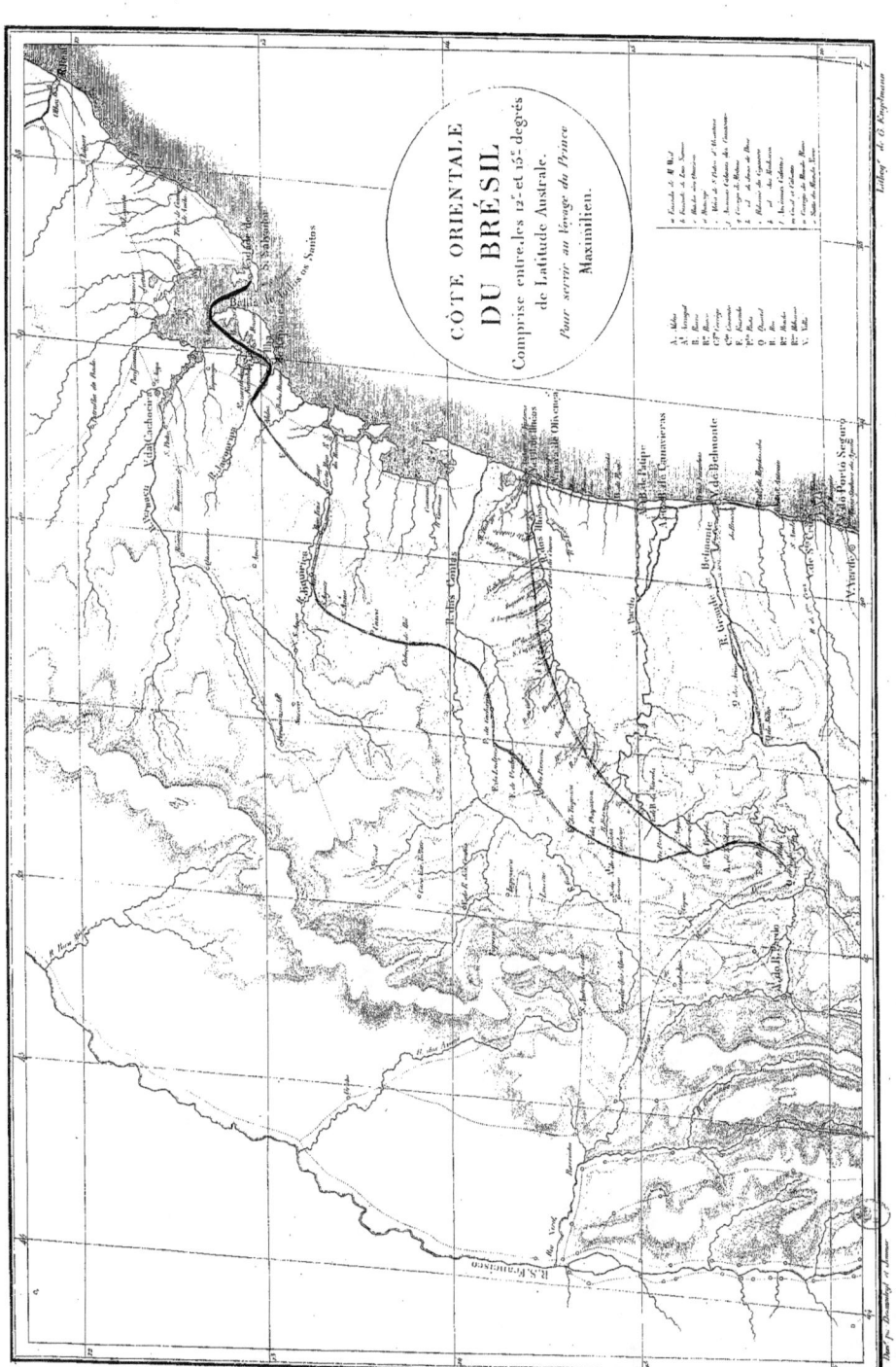

www.ingramcontent.com/pod-product-compliance
Lightning Source LLC
LaVergne TN
LVHW051504090426
835512LV00010B/2336